en el avión

Carron Brown

Ilustrado por Bee Johnson

A DIVISION OF EDC PUBLISHING

En un aeropuerto hay mucho movimiento de gente y de aviones.

Si observas los mostradores de facturación, la terminal y el interior de un avión, verás las personas que trabajan en las aerolíneas.

Ilumina el reverso de las páginas con una linterna o míralas al trasluz para ver a los pilotos, a la tripulación de cabina y los distintos tipos de aviones y sus partes. Descubre un mundo lleno de sorpresas.

La gente se forma
en fila para facturar.

¿Quién está mirando
los pasajes?

—¡Siguiente!

Los empleados de la
aerolína revisan los
pasaportes, los pasajes
y las maletas que irán en
la parte de abajo del avión.

Se aseguran de que la
gente esté lista para viajar.

Después de facturar, los pasajeros pasan por el control de seguridad. Las maletas se miran por rayos X y comprueban que la gente no lleve objetos peligrosos.

¿Qué ves en la radiografía?

La radiografía
es rápida y segura.

La gente recoge su
equipaje y va al avión.

¡Sap!

Este Boeing 737
puede transportar 215 personas.
Cada persona tiene un número
de asiento en su pasaje.

¿Dónde se guardan
las maletas?

¡Clic!

El equipaje de mano se
pone en el compartimiento
que está arriba de los asientos.
Las maletas grandes se guardan
en la parte de abajo del avión.

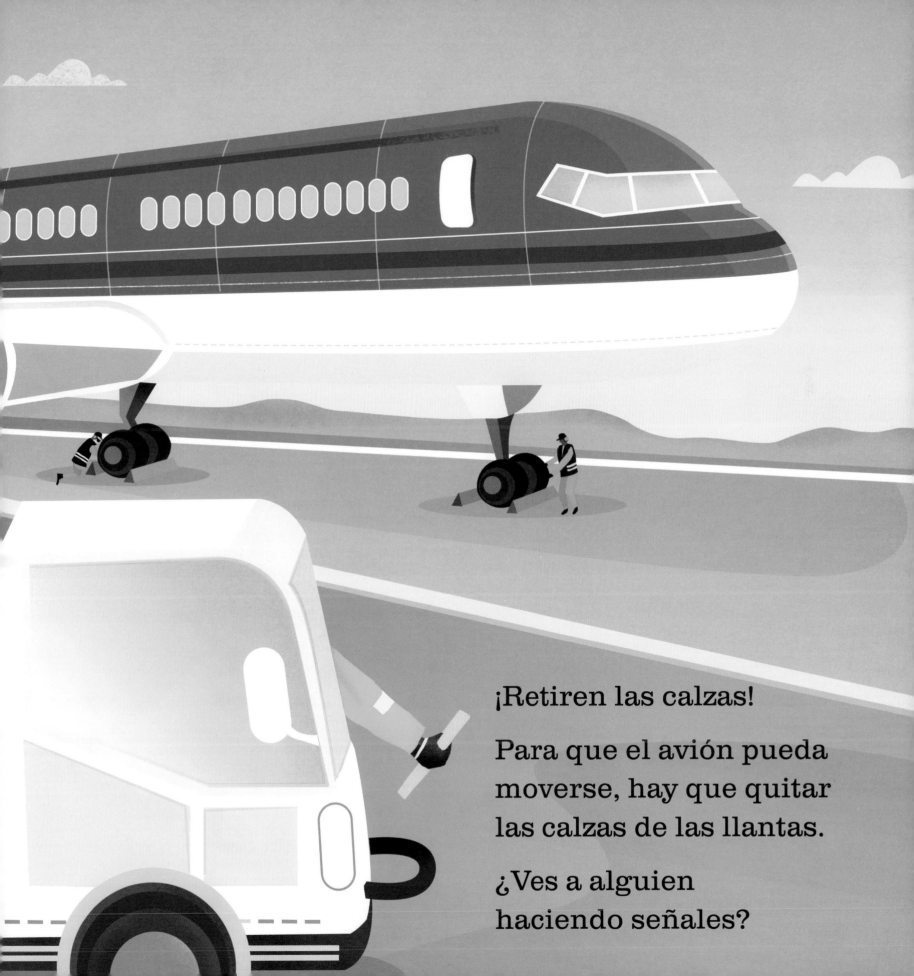

¡Retiren las calzas!

Para que el avión pueda moverse, hay que quitar las calzas de las llantas.

¿Ves a alguien haciendo señales?

¡Suis!

Un despachador de aeropuerto
mueve unas barras de colores
para guiar al piloto hacia
la pista.

En el aeropuerto hay una torre de control. Los controladores les dicen a los pilotos cuándo pueden despegar y aterrizar.

¿Ves a los controladores?

—¡Listo para el despegue!

Los controladores hablan por radio
con los pilotos. En las pantallas de
las computadoras ven dónde están
los aviones en el cielo.

El avión tiene dos
motores muy grandes,
uno en cada ala.

¿Cómo funcionan?

¡Roar!

Dentro de cada motor hay un ventilador enorme que gira y absorbe el viento.

El aire se mezcla con el combustible, se prende y produce gases calientes.

Los gases salen disparados hacia atrás y empujan el avión hacia delante.

Antes de despegar, una persona de la tripulación de cabina les explica a los pasajeros cómo ponerse el chaleco salvavidas.

¿Dónde están los chalecos salvavidas de los pasajeros?

Hay un chaleco salvavidas
debajo de cada asiento.

En el cielo hay muchos aviones. Los controladores de tráfico aéreo se aseguran de que vuelen por distintas rutas.

¿Puedes ver otros aviones?

¡Birrr!

Cada avión emite una señal que recibe el radar del controlador de tráfico aéreo.

Los controladores se aseguran de que los aviones no vuelen demasiado cerca unos de otros.

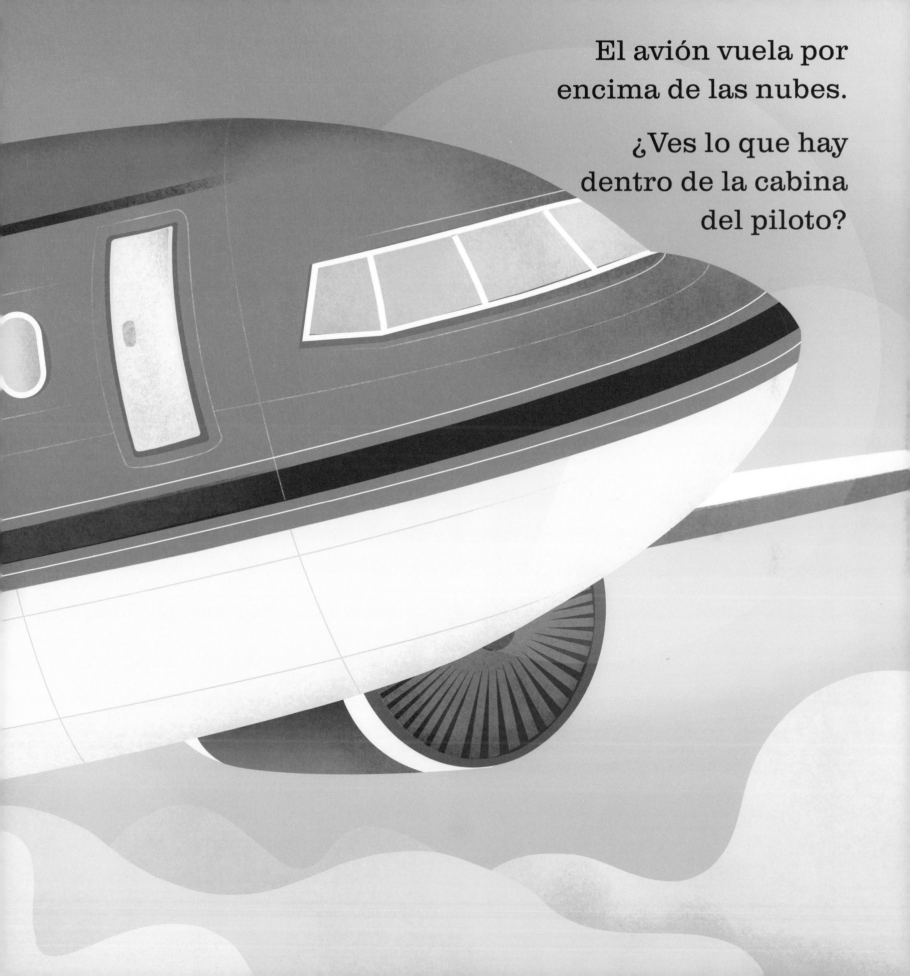

El avión vuela por encima de las nubes.

¿Ves lo que hay dentro de la cabina del piloto?

¡Bip!

El piloto pone el piloto
automático y una computadora
maneja el avión.

El piloto y el copiloto comprueban
la ruta y se mantienen en contacto
con los controladores de tráfico aéreo.

El avión tiene unas partes especiales
para que pueda girar.

¿Las ves?

La cola y las alas tienen
unas piezas que se mueven
y hacen que el avión gire.
El timón de la cola se
mueve hacia los lados.

¡Suiss!

Un miembro de la tripulación
lleva un carrito por el pasillo.

¿Puedes ver lo que hay adentro?

¡Cranch!

En el carrito hay varios tipos de bebidas y cosas ricas para comer.

¡Glup!

En los aviones la gente hace muchas cosas.

¿Ves lo que hacen estas personas?

En los aviones grandes hay pantallas de televisión en el respaldo de los asientos.

La gente mira dibujos animados, películas y puede jugar juegos.

Cuando el avión está llegando a su destino,
desciende hasta la pista de aterrizaje.

¿Dónde están las ruedas?

Las ruedas se meten dentro del avión después del despegue. Ahora bajan para que el avión pueda aterrizar.

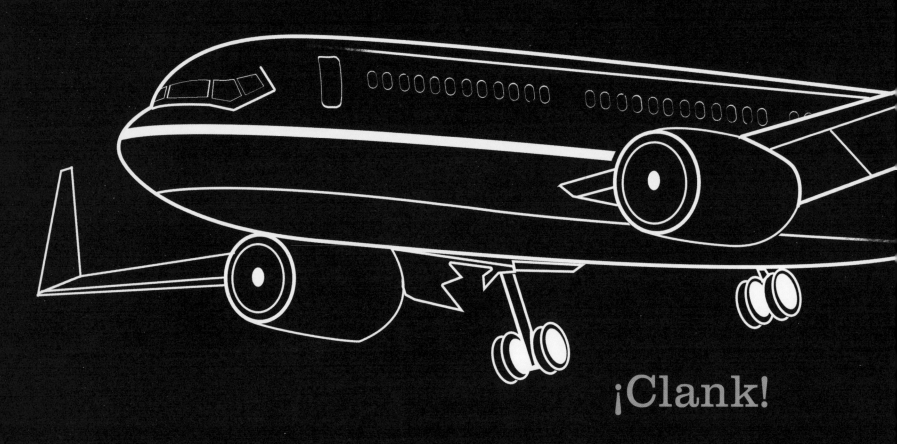

¡Clank!

Después de aterrizar, unos empleados del aeropuerto sacan las maletas del avión.

¿Cómo va la gente del avión al aeropuerto?

Hay un pasillo especial
con ruedas que conecta
el avión con el edificio.

Es hora de recoger el equipaje. Las maletas van en un camión a la zona de llegada de equipajes.

2

¿Dónde están ahora las maletas?

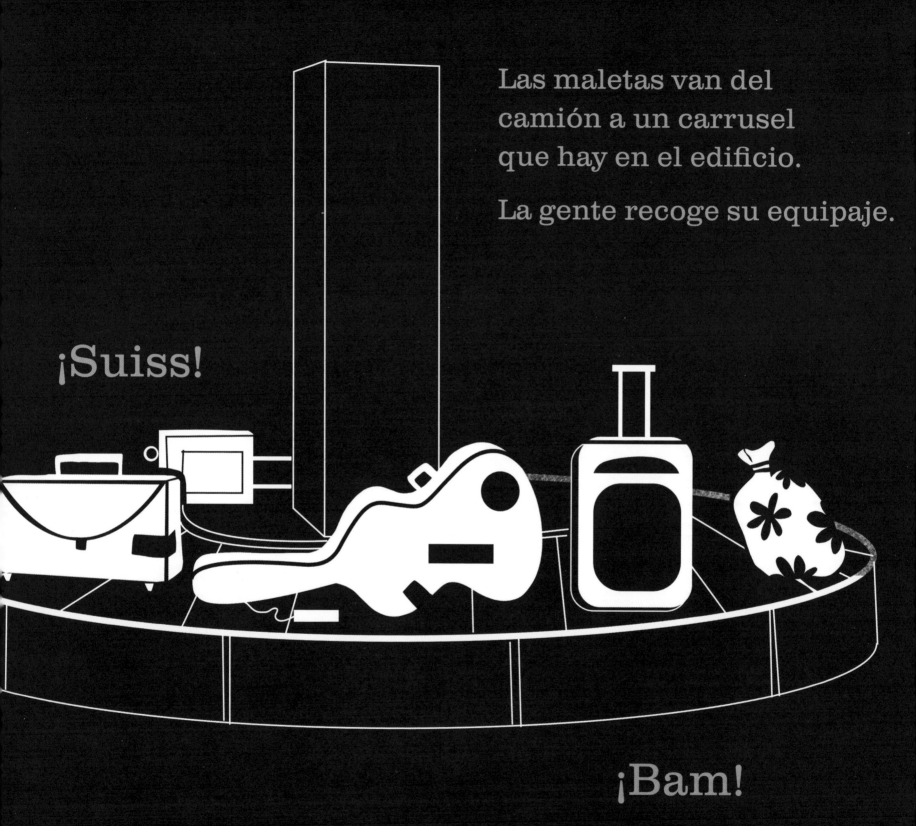

Las maletas van del camión a un carrusel que hay en el edificio.

La gente recoge su equipaje.

Mientras los pasajeros recogen
el equipaje, unas personas limpian
el avión y ponen combustible.

Desde el aeropuerto podemos ver
cómo vuelve a despegar nuestro
avión hacia un nuevo destino.

Aún hay más...

En en el aeropuerto y en los aviones hay muchas cosas que ver. Aquí tienes más información sobre las personas y los objetos que se nombran en este libro.

Piloto y copiloto El piloto es la persona que maneja el avión y se asegura de que todos los pasajeros estén a salvo. El piloto también se llama comandante. El copiloto también se llama primer oficial. El copiloto se sienta al lado del piloto y lo ayuda durante el viaje y se comunica con el controlador aéreo. El piloto puede pedirle al copiloto que se haga cargo de los mandos.

Controladores de tráfico aéreo Los controladores de tráfico hablan con los pilotos por radio. Están a cargo de la seguridad de las aeronaves y vigilan las condiciones del tiempo y todos los aviones que hay en el aeropuerto.

Despachador o marshall Para despegar y aterrizar, el piloto observa las señales que hace el despachador con las manos y los brazos para guiarlo en la dirección adecuada. El piloto sabe lo que significa cada señal.

Tripulación de cabina La tripulación de un avión se asegura de que los pasajeros estén bien. Les dan la bienvenida en el avión, explican las medidas de seguridad, sirven bebidas y comida y ayudan a los pasajeros a salir del avión al final del viaje.

Máquina de rayos X La máquina de rayos X toma fotografías del interior de una maleta sin tener que abrirla. La máquina envía rayos X que son invisibles. Con los rayos X se ve la forma de los objetos que hay dentro.

Pasaporte En el pasaporte está la fotografía y el nombre del pasajero, su país de origen y su fecha de nacimiento. Para viajar a otro país necesitas un pasaporte.

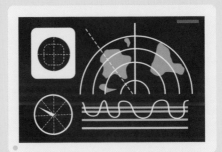

Radar Es una máquina electrónica que usan los controladores y los pilotos. En el avión, el radar informa al piloto las condiciones del tiempo. Los pilotos procuran no volar en zonas con mal tiempo. Los pilotos usan otra máquina electrónica llamada TCAS. Esta máquina les indica si hay otros aviones volando cerca.

First American Spanish Language Edition 2019
Kane Miller, A Division of EDC Publishing

Spanish translation by Ana Galán
First published in the US in English in 2016 under the title, *On the Plane*.
Copyright © 2016 Quarto Publishing plc

For information contact:
Kane Miller, A Division of EDC Publishing
PO Box 470663
Tulsa, OK 74147-0663
www.kanemiller.com
www.edcpub.com
www.usbornebooksandmore.com

Library of Congress Control Number: 2018952972

Printed in China

ISBN: 978-1-61067-955-8